LA VIDA DE LA VIDA

Rosie Inguanzo (La Habana, Cuba, en 1966). Escritora, actriz, profesora. En Miami, Florida, donde reside desde 1985, ha cultivado una trayectoria en el teatro. Ha publicado un libro de narrativa, *La Habana sentimental* (Bokeh, Leiden: 2018), y dos libros de poesía, *La vida de la vida* (Hypermedia, 2018), *Deseo de donde se era* (Nos y otros Editores, Madrid: 2001). Doctorada en Español y Literatura Iberoamericana por la Universidad Internacional de la Florida, ejerce el profesorado. A Rosie puede vérsele caracterizando a su alter ego Eslinda Cifuentes, en los performances que realiza junto al violinista y compositor Alfredo Triff. Rosie administra desde 2004 el portalweb www.tumiamiblog.com y el blogoarchivo de Rosie Inguanzo: http://eslindacifuentes.blogspot.com.

Rosie Inguanzo

LA VIDA DE LA VIDA

Neomodernismos y otras inquisiciones

De la presente edición, 2018

© Rosie Inguanzo
© Editorial Hypermedia

Editorial Hypermedia
www.editorialhypermedia.com
www.hypermediamagazine.com
hypermedia@editorialhypermedia.com

Edición y corrección: Ladislao Aguado
Diseño de colección y portada: Herman Vega Vogeler
Imagen de cubierta: Luis Soler
Maquetación: Editorial Hypermedia

ISBN: 978-1-948517-16-4

Quedan prohibidos, dentro de los límites establecidos en la ley y bajo los apercibimientos legalmente previstos, la reproducción total o parcial de esta obra por cualquier medio o procedimiento, ya sea electrónico o mecánico, el tratamiento informático, el alquiler o cualquier otra forma de cesión de la obra sin la autorización previa y por escrito de los titulares del copyright.

Para A. T.

Pensaba en el momento en que una daga penetrara en la faja y rajara aquel torso. Pensaba en la sucia faja bellamente tinta en sangre.
Yukio Mishima

¿QUÉ COMEN LAS PRINCESAS?

(W. G. se pregunta desde La Habana, ¿qué comen las princesas?)

La princesa de mi cuento
come carne humana
traga perlas
semen
zumo de violetas
una gota de miel de flor de azahar sobre un labio
dos hojas de menta
espuma del Pacífico
cáscara de piña
casquitos de guayaba

mejunje de polvillo de mariposa azul brasileña
virutas de nube
algas untadas al atún
ajonjolí escaso sobre el blanco
arroz mosqueado
y flotando en zumo de melón
masa de mamoncillo
salpicado con pepitas de almendra

declarándose en régimen de flores de estación
volcada sobre el monto del jardín
mordisquea la corola de una lila

su pecho transparente
retumba como tambor africano
cuando consume melaza
y ella se excusa con un mohín, «es el pecho, no yo»
y enfunda sus manitas agitadas en chiffon tornasolado

come termitas
colectadas por los mbuji
—pigmeos del río Ituri—
traídas con dificultad
desde los densos bosques que dominan los bantú

come pececitos dorados
vivos
batallan en su boca
boca
cobre nacarado

hurga desganada la memoria etílica:
alacranes en vodka
boquerones ahogados en aceite de ajonjolí
luego rociados con absenta

antojadiza
ñoña
sopla polvorones de avellanas
minas de limón estallan en su boca mínima
digiere chucherías tales

fierecilla la princesa
un cuadro que es un crimen, ella
una niña que es un animal voraz
tragante perfecto su boca

infestada de sangre
para dañársela
lastimarle la boca
loto oscuro su boca
orificio humectado
tiembla la llaga morada de su boca
molusco enano
la boca

se restriega
contra el cojín de seda azul
lame el té con desgano
en las encías
masa de coco
ahí abajo
baba blanca

blanda membrana
hoyo inescrutable
grutas de pétalos sus bocas:
deshilachado el corpiño
la oreja
el seno
el ano
sudado
brocado sobre el lino
una inicial ignota
talle tatuado
zanja de tinta

golosa Su Alteza:
engulle golosina prieta
dulce de leche quemado

le chorrea por las comisuras
de la otra boca

y para mortificar al esclavo jenízaro que maltrata
unta vinagre dulce a la mordida
y en ardor
relame el glande magullado
empujando con la lengua
—partida en dos—
cual culebrilla roja.

MORTIFICACIÓN SINO-ERÓTICA

Porcelanas frágiles de hace 2000 años
deditos finos tocando el laúd
trepan la soledad del río
uña de oro afilada rasga el agua
los islotes grises copados por la nube

gasas húmedas para vendar un pie
y oprimirlo
ellas desnudas frías sofocadas en encajes pictográficos
palabras bordadas en la piel amarilla
cosidas al deseo oscuro
emociones ocultas detrás del abanico encendido
rojo crepúsculo
dragón que agoniza en centella

sexo ensartado por una peineta de marfil

polvos de nube envuelven su rostro
su cara untada de nube en polvo
tos de arroz
y el apetito nocturno
asomando en la madrugada hipnótica
martirizando la carne sobre la esplendorosa seda

sedas que suspiran colores al río
exudan sus flores sus fábulas sus efluvios
en el agua frágil
donde una adolescente lava su cabello negro azuloso
—regalando esa visión a Xiu.

Veinte linternas rojas esperan al guerrero
banderines amarillos aletean al viento
y en el estanque se hincha anaranjado el sueño de pez

llega sin decir palabra
para caer muerto sobre el tapiz dorado que recrea la guerra
—tornase punzó y encharcado con sus restos.

La doncella decide morir a la aurora
cegada por la humosa pipa de opio donde halló a nadie
—atolondrada cual avispa en la lluvia—
fundida en el blanco el amarillo el rojo
en las sábanas matrimoniales tricolores
pinceladas de saliva
y humo languideciendo en volutas vagas
hasta que desaparece el mundo.

CORAZÓN DE AVE

Llenura de cocuyos en la cabeza
pestañea el dolor
trazos de tiza en el camino
para hallar el regreso:
sobre peldaños de humo
se le nubla el rastro

llega una brizna de anís a posarse en ella
en su pico de labio tiembla
una gota de sangre
tiene la lengua aguada
y el corazón de ave

llega el castigo en virutas de aire:
la espera el destierro
se le nubla el rostro

insidias y silencios para zarpar
ir lejos y quedar cerca
mientras danza su desvarío el corazón
ala lisiada
atiza un vuelo
nublándosele un camino sin ir ni venir

la llamita escala la mecha del fusil
entre banderines de celofán punzó
que exhiben mensajes heroicos de los rojos

y sus hijas amarillas nimbadas de rosado
como peces del aire
agitan los pañuelos blancos al borde del agua

la noche sobre la montaña como ojo abatido del cosmos
llenura de cocuyos en la cabeza
y late su corazón de ave.

LAS NALGAS DE LA PRINCESA

Cáliz cilíndrico la oreja
quebradiza la mirada negra

hojuelas rosadas en el pecho
clavel el seno
aguanosa
fruta dentro

cangrejo de oro
con ojos de jade
horadado al ombligo
su útero que es un caballito de mar
víscera de acero
deformada cinta de sangre

duro y tenaz el músculo del sexo
pielcilla en dos tajos
gajos de la pulpa
de tinta de cúrcuma
de resina la raíz sanguínea

marañón el ano
pliego embadurnado en olor agrio

zarzas en la tela del lago
y los ojos gastados como almendros mustios
y esboza un silencio de pez
y la tibieza de sus nalgas
sobre la seda del agua.

PEZ SORDO

¿Qué oye su labio turbio en el espejo del agua?
¿Qué aire nada en la luz?
¿Qué pez la nada?
¿Qué nada un pez invisible?
¿Qué ángel desmaya?

Pez de estanque: pensamiento del agua
Cuerpo que yace: pensamiento del aire
Luz: pez sordo.

NECROFILIA

Cuando ya no ardía el pecho
la princesa alteró los cerrojos
y encendió un débil candil

jineteó al cadáver
el muerto imperial cubierto de adornos
hermoso como una pantera sometida

frotó encima baile de serpiente
untando sobre el muerto
la vulva dilatada y aficiones secretas

hurgó en las heladas axilas
y dentro del ojo hechizado halló nieve hundida
deidad traslúcida el muerto

y abierta en cuatro batalló
dejándose llevar por un diablo rojo

el vaho de su cuerpo
suyo
flor de ume
sobre el frío glacial del muerto

luego ala de mariposa dormida
incienso y paz la estancia
pálpito y oscuridad

por las persianas cerradas
viajaban motas de polvo
en hilos de luz

cuando con una daga diminuta sesgó la lengua
para que no hablara en sueños, el muerto

y el metal incendiado los iluminó un instante.

CHINA

No espera rosas en invierno
y ya se pinta en la frente
ojos azules sobre los ojos negros
—guijarros de río gastados—
y zambullidas en celeste
las pupilas verticales del panda

empina los cuatro ojos
y empina
la vasija de arcilla
con mango de dragón
—Fucanglong de los tesoros ocultos—
hecha con polvo de volcán dormido

al pecho una Fenghuang de jade
—esporádica, humo verde—
vaivén sobre su carne
mecida en la vía láctea de su piel
sobrevuela la China desde hace 7000 años

y ese chorro de agua es un dragón líquido
que brilla de la oscuridad a su boca
—ya se sumerge en la garganta su sed jurásica

cual seda amarilla el río leva un trueno
alud del cielo sobre el Huang He

y la telaraña tiembla cuajada de rocío:
vellos en la cara de Dios

(para un occidental llueve cuando Pangu suda).

LA MUERTE LLEGA CON ALAS DE LUCIÉRNAGA

Y las mujeres pintadas de primavera invaden las calles
de Pekín
como juncos de colores
mecidas en la acuarela de la ciudad
ah
Pekín rosado
doméstico
de día chipotea florecillas de cerezos
y
un aleteo de golondrinas
una sombra de abedul
confetis de verticilos y pistilos
pelusas en la nariz
y
esas aves oscuras que vuelan al horizonte
hacen las delicias de Tang Yin
o
pétalo su boca
su laboriosa felicidad
cielo en la córnea
y
baila como una garza el corazón
timbra la voz

ah
la respiración de Tang Yin retiene su esencia
y
entrega a la tarde una nota un silbido
y
recoge gajos para las pencas
o
junta varillas de bambú negro tallado
curadas en aceite de sándalo, para los abanicos
y
la muerte cava su modo ahí
en el dedo ambarino
su huevo
pinchazo inconado
moho gris
pis corrupto
o
el cascabel del viento
roza al cuerpo que suda manantiales
de fiebre glaseada
risa nerviosa virgen
y
gotea el agua callada
sobre el vientre del loto
y
la muerte llega con alas de luciérnaga
y
se nubla
se dobla de rodillas
o
el rabillo del ojo retinto atisba su última luna
o
celda de la sangre sucia

y
vértigo de cielos que no volverá a ver
rígido corazón
tibio aún
y
a posársele la muerte llega con alas de luciérnaga.

SHANG XI HA DESCUBIERTO LA POESÍA

La mariposa con alas amarillas y cuerpo grotesco
que se deja caer y elevar por la brisa y la llovizna

la cola rosa del pez peleador que recuerda al viento
(en el agua hay vientos que le zarandean)

la corriente del río que quiere penetrar el corazón del pez.

mas tres flores coloca dentro del poema:
      una flor de agua
      una flor en la nieve
      y una flor de ceniza.

EL VIENTO QUIERE SER VISTO

Por eso levanta siete rubores en las islas Izu
por eso el circunloquio de la codorniz con patas y pico rojos
y un pestañear de garza gris e iris pardo
—una hoja verde oxidado flota en el caldo del ojo—
y anillos de agua en la cantera quieta

y en ventolera da saltos de campana
para levantar las faldas azules de las muchachas
y abrirles el loto
y en cuclillas lamer el yin de las muchachas

con la verga tiesa sobre la piedra del lago
el viento gime porque no puede ser visto.

LA PRINCESA LEVANTA UNA PIEDRA EN EL JARDÍN DEL CIELO

Y saltan nubes como las cintas sueltas de la memoria
cunden las alturas de vapores pictográficos
aguas de espuma figurándose
y pantomimas rosadas.

Perplejidad de Su Alteza
que desea verter un incendio de peces dorados en el ocaso
y se distrae llena de pájaros y vientos.

Las nubes blancas nunca lloran, dice
son algodones de azúcar
que se disuelven en la boca de la mirada.

LUZ A TRAVÉS DE LA PIEL

La lámpara de bambú y papel de arroz cuelga del antebrazo del anciano
—para ser visto en un camino deforme—
chispea acompasada por el tintineo del bastón
cae el primer copo de nieve
y se iluminan los cartílagos de la oreja y la nariz.

LA CEREMONIA DEL TÉ

Se agachan para entrar en la habitación
y se igualan
con una brocha se destruyen las ramitas
en tetera de hierro verde esmeralda
hierve el verde oscuro
y tórnase espuma sobre grumos de llamarada

ahumean los colores básicos
en la cavidad del agua donde nada una carpa
hecha esmalte rojizo-tornasolado
—mueve la cola el pez

beben y se les nublan los silencios
de las vasijas sale un vapor clarísimo
velando las facciones
y las dos parecen conejos de algodón.

JAPÓN

La cítara se pregunta
¿a qué hora volarán las aves?

aquí el viento es un tigre blanco
que viene y va sigiloso en su gloria espectral

caen las hojas sobre el crepúsculo
y las bestias que custodian las ciudades
afinan el oído sobre la tierra del sol poniente

y el viento baja la voz para que no le reconozcan los incendios.

LA CIGARRA ATADA

Mientras la frota con los dedos
bebe el agua de su cielo celeste
haciendo que brote la bebida de su cielo interior:

cielo en su boca
boca de su cielo
cielo de su boca
de cielo su boca
en boca del cielo
de boca su cielo
azul bucal
su boca de cielo.

EVERGLADES

La garza se marea de musgos y líquenes
—o vuelo de garza o pétalo al viento

en maléfica agua de mosquitos, flor de ciénaga
—o gemido de ave o golpe de ala cruza el agua

la sierpe amarillea el lodo
y a los manglares verduzcos
vienen a posarse mariposas anaranjadas

en la superficie del caldo gris se refleja la ciruela azul del cielo.

LO QUE TRAE EL VIENTO

El olor de las ostras
esos los huesos del mar
que guardan el zumo de las olas

el vaho de los arrozales
 el algodón que navega el exiguo cielo
—un mota de nube flota hacia los bambúes y entra a una grieta

semillas de lluvia
luciérnagas voladoras que cosquillean en los oídos
el monte empapado y el cristal lechoso de la niebla.

BALSERO CUBANO A LA DERIVA

El balsero es anémona nerviosa
el sol es ungüento de vinagre
y el mar es un incendio de cristales rotos.

BALSEROS ADOLESCENTES

Palabras que atragantan
palabritas de solar habanero
como nardos asustados
grosería en la playa
exhibicionismo púber
un diosito menor en sus lenguas sucias
y un hervidero de cardúmenes en los muslos adolescentes.

LAS JINETERAS HABANERAS SON METÁFORAS

El jineteo de las prostitutas habaneras (que así llaman a esta actividad en Cuba), fácilmente puede asociarse con jinetear o cabalgar, cuyos movimientos gráficos sugieren la cópula. Conste que el jineteo incluye las actividades sáficas ya sean espontáneas, requeridas por los turistas, o como recurso emergente producto de la prohibiciones.

La metáfora se expande en el vocablo gineceo y su acepción de aparato reproductor de la flor. Gineceo, asimismo, es la habitación asignada a las mujeres desde la época de los antiguos griegos. Y en las casas de citas chinas se sigue esta costumbre de guardar en el gineceo a las mujeres reservadas para el ejercicio amoroso (cortesanas a las que antiguamente llamaban «yeguas frágiles», o sea, mujeres que se montan a lomo). Por ende, de los gineceos del antiguo barrio chino habanero (y su magra reputación) tal vez provenga jineteo que, ya hemos referido, es la acción de prostituirse (o putear o lucharla, como se dice popularmente).

Todo lo anterior son aproximaciones semánticas; lo que sigue es un dato:

Ginette es como llaman los canadienses de origen francés a las prostitutas habaneras.

Y el 90% de los turistas canadienses que visitan la isla proviene de Québec (y es que Ginette, adjetivado, es una abreviatura de Geneveve —considerado un sofisticado nombre femenino en Francia).

PARAFRASEANDO A MARGUERITE
YOURCENAR, EN *CÓMO SE SALVÓ WANG-FÔ*

Wang-Fô sortea los pinceles para acometer
el ojo del pez o los escollos de su conciencia
el ciervo adentrándose en el otoño
—los ciervos silenciosos de su labor callada—
el puerto rosado donde una sola barca cansada
flota en la luz exhausta del alba
el agua en los cantiles donde Ling —su fiel aprendiz—
unge el hambre de su ánimo
y el apetito de sus inclinaciones.

Ling descarga de sus hombros
—en rollos de seda o en papel de arroz—
el mundo flotante y el prado celeste:
el agua dócil de los lagos
los agravios morales de un rostro
los peces plateados de la niebla
las nubes que se cierran
sobre las estrellas chispeantes
los arrozales afincados en la neblina
el sendero cegado por seis días de lluvia
el bungaló flotando como la flor de loto
y cuando el agua los alcanza debajo de los kimonos
la copa empapada del algodón

y los canarios amarillos
que se guarecen bajo los biombos grises.

Pero el Dragón Azul no sabe mirar
—deidad encarnada
el trasero azotado veinte veces por jóvenes inocentes
seccionado el pene
y confinado de por vida a los recintos imperiales
como cabrito sin alas—
quien viéndose en los parajes prohibidos que crea Wang-Fô
da razón del único reino que vale la pena gobernar.
El Hijo del Cielo los hace traer para calcinar los ojos a Wang-Fô
y arrancarle así los silencios
el umbral de los templos sagrados
el arrobo del laúd en manos de una princesa
la flor que lucha con el viento
el color verdoso que adquiere el rostro de los muertos
el junco arqueándose sobre el lago
la huella del tigre
y el fénix de la aurora
las escamas del jurel
dos grullas con los cuellos entrelazados
la tristeza de los acantilados
el prestigio de la soledad contemplativa
la representación de la realidad
más que la realidad misma.

Rueda la cabeza de Ling
y su maestro, taciturno
—como quien esparce la mirada sobre un campo de narcisos—
ajeno al dolor
cuestiona ensimismado
el color rojísimo de la sangre del discípulo.

Es así como Wang-Fô se adentra en las aguas de su último cuadro
cuando cruzando el océano de la existencia
su amado Ling lo recoge en una barca
para emprender el viaje interminable por el interior de una pintura viva.

LA ABEJA O UN COLOR QUE NO VE

(sabido es que las abejas no ven colores)

De la flor amarilla
el ala agita
su sexo mojado

corola morada
néctar untado en polen
de un color que no ve la abeja

un color un color
la abeja se distrae
mota de ave azul

o fruto de arrayán
o atontada la abeja
de color un color

licor de mirto
glándula aromática
solvente Eros
y un color que no ve

¿qué traes en los ojos
antófila birmana?
—labiales ultravioletas

dos ojos y tres ocelos
para libar del cardo
un gas del día
y un color que no ve

ala quebradiza
beta luminiscente
de un color que no ve
sobre el pétalo malva

y un grano amarillo
rueda hasta el fondo
del cilindro morado

detrás de la nube violácea
se disemina el día
grillos de espuma y niebla
de un color que no ve.

LOS CINCO GRITOS DE LI XIANG
Y UN SILENCIO

El primer grito de Li Xiang es una floración de ciruelos y viene acompañado de un decaimiento de sus brazos voladores.
El segundo grito de Li Xiang es un sutra nasal.
El tercer grito de Li Xiang es el jadeo de la cabra que golpea sus cuernos contra una roca.
El cuarto grito de Li Xiang es el chirrido de la cigarra que prende al anochecer.
Esclava del placer, encordada en cuatro, desatada la trenza, hincada y dolorosa, para cuando la saliva le llena la boca y sus ojos son dos ráfagas de nieve, el quinto grito de Li Xiang se hunde en el agua de la almohada.
La voluptuosidad de su risa y de su llanto arriban a un silencio, que es la expresión desahuciada de su miedo a la muerte.

HAO Y LAS CRIATURAS DE SU CORAZÓN

Teme que el trepidar de su pecho revele todas las criaturas de su corazón. Se figura que la ama por asociaciones —no a la manera occidental: el horizonte de los hombros anchos de Xiaomei, el bulto grácil de los senos y la paradoja de su respiración estática.

Por lo que se hace imprescindible marcar distancia de esos vientos azules en su túnica, de las golondrinas palpitantes bordadas en las mangas, de la contracción de ave bajo las telas, de su vaciedad al conducirse y del rosa tímido de su rostro —porque depende de los cielos la piedad de las pupilas de Xiaomei. Distancia del bambú negro de sus pestañas al inclinarse en el saludo ritual, de la bestia domada de su cuello y de las cien bocas que anticiparon su boca de capullo.

Hao teme que si ella hablara, ese espacio de silencio entre palabra y palabra, detendría la primavera.

El eco del graznido de un pato salvaje navega el Yangtsé, para que a Hao se le encoja el corazón de batallarla. Cuando de las mangas de su túnica añil las dos golondrinas vuelan al crepúsculo, deshilando el tejido. Y Hao esconde bien adentro los cinco misterios de su mirada. De su dormir atribulado, fustiga al jinete cubriendo la potra jadeante que se desvanece al amanecer. Una potra violácea que ocupa sus sueños y que —como las aves que abandonan el traje de Xiaomei—, tiene una franja pectoral blanca y huye del día y del invierno.

A la manera de autoflagelarse, contempla el agua caer sobre el agua del té y, sin mirar la ausencia a la que se obliga, aspira una fracción del aliento de albaricoques de Xiaomei.

Tiembla la taza burbujeante, cuando Hao se avergüenza de imaginar la raigambre oscuro del pubis y el dormidero de las nalgas de Xiaomei.

LA LAGUNA DE LAS LIBÉLULAS AZULES

Veda el paso a las moscas
y en los ojuelos renegridos por el placer predador
360 grados de estanque bruñido, campo de arroz,
montaña dura y blando cielo

frotándose el carpelo polvoroso
trepa cuencos de estambre
y monta al carrusel de los pistilos encarnados

—y por un instante persiste la belleza sobre el asombro del agua—

flamean las alas de celofán iridiscente
y equilibrista se hace la mansa
ante el repaso del Conde de Camors
—quien la descubrió primero posada en la garganta reluciente de una habanera inmutable.

LIENZO DE LEDA Y EL CISNE

Sobre el paño tensado
palpitan los ojos
con cada puntada

las horas sujetan
como una correa
su pecho de agua

la voz del cielo
unge al cuerpo
en sus temblores

el cisne la cubre
y un soplo la va llenado
escurriéndoseles en un hilo eléctrico

el lienzo de Leda aparenta tela bordada
siendo una malla de suspiros inacabados.

LAS MUJERES MANCHÚES SE DESCALZAN

Sus bellezas responden al sufrimiento
los ojos aguados
los pendientes de perlas —dos lunas nuevas que jalan
brutalmente
y a paso tambaleante
los dedos blandos y perfumados

sangran los pies
y es un andar en algas glutinosas
y enjundia de anémonas estremecidas
baba y picapica
y ungidos en sal negra
las judías rojas de los pies.

ADIVINANZA

La muchacha que fue algodón entona en falsete:

    el río amarillo es la sangre de Pangu
    el trueno es resuello de Dios
    el cielo plomizo de Pekín es yang que le respira
encima
        y su aliento humedece los crisantemos

notas pentatónicas como briznas encendidas
joya del loto la muchacha
que aspira al dorado del cielo con su voz
¿y qué es la voz para las cosas que reciben su vibración?

       es un cristal
       es una cigarra inmaculada
       es una daga centelleante
       es helada y limpia y no se empaña nunca.

LA VIDA DE LA VIDA

Él tiene una selva atestada en el pecho
una cueva de lobos en los dedos —piensa Mizuki
dedos de pescador de perlas
agua de manantial entre mis grietas
manos como camelias blancas

pero Sora habla en un hálito anfibio
como de pez que se sale del estanque vadeándose en la hierba:
la vida de la vida no muere, ha dicho

sobre los labios empinados de la montaña
la vida tiende un pañuelo de nieve mojada.

PREGUNTAS QUE SE HACE EL POETA

¿Arcabuz inglés? ¿Qué hace esta arma antigua en un poema chino?
¿Qué hace un aire de 1321 quieto en un ánfora sellada?
¿Qué estalla un huevo de golondrina?
¿Por qué rinde fertilidad palpar el clavo?
¿La mata la malaria 1000 años a.C? ¿Una fiebre de malaria tratada con quinina?
¿Qué ginecias se humedecen?
¿Qué herbazales pardos de Alligator Alley?
¿Qué taburete de primavera recibe la membrana carnosa de la doncella?
¿Quién muere por las rosas?
¿Qué príncipe jenízaro se vende como esclavo?
¿Qué almohada de algodón trae sueños de campo abierto?
¿A dónde va la carpa tornasolada?
¿Qué ámbar bulboso y resina cósmica y pies mutilados?
¿Qué pantorrilla de mujer bonita?
¿Cuál es la hermosa ciudad de los relámpagos que niega el mar?
Las tristezas del Conde de Camors, ¿van en el banco de peces plateados?

EL CORAZÓN SE ALZA COMO LA GRAN OLA DE KANAGAWA

*(o campanas moradas y música koto en el lienzo
de Suzuki Kiitsu)*

La mañana es una gloria en Japón
y Suzuki despliega el morado
sobre el oro de la luz

en los textiles enchumbados de óleo
florecida exuberancia:
un *impromptu* de campanas malva
cobre lechoso
la corola
fibra de pétalo sobre el lienzo

cinco púas de marfil
—los cinco pistilos de la flor del ciruelo—
cinco pinceladas en la membrana de papel de arroz

propagándose el poderoso afrodisíaco del color
Suzuki se humedece los labios
con la punta de la lengua
y se marea

música hipnótica
fei y *shi*
(bien y mal hechos)

en las notas de la cítara:
trece cuerdas de seda sobre puentes de madera
y tres plectros de caña se entierran en el koto
empinándolo como la gran ola gigante
—que aún no existe en el arte

el aire de 1818 entra y sale de la flauta de bambú.

COSTUMBRES MASCULINAS

Frecuenta a hombres
los escoge de la soldadesca
(y entregándose a las sevicias carnales)
los azota con una vara de bambú
y bajo la seda
se complace en las marcas que deja el gajo

de sus escarceos amorosos y afición a los efebos
dice que son calumnias difundidas por los ministros

no tiene interés en visitar el gineceo imperial y su millar de hembras
—bajo sombrillas bordadas
jóvenes inocentes se comportan con vergüenza y con arte

durante el reinado del emperador amarillo
al sur del Río Azul
cuando llega la noche
una multitud de bellas mujeres se prende como antorchas
y los hombres se precipitan a tomar sus flores
sus miembros de sándalo blanco —los brazos rémoras

sus labios de cúrcuma
sus senos medusas
sus nalgas de nieve
sus muslos cardúmenes

Nan Nan se ha lavado los pies con agua de loto
y se pregunta —como quien busca donde posarse—
¿es esto la felicidad?

mientras bajo un cerezo rojo
se oyen los rezos
de ciertas mujeres que nacen en cuerpos equivocados.

LA CALLE DE LAS JACARANDAS EN UN PAISAJE HABANERO JAPONÉS

Pigmento sobre papel de morera
que haga fluir el arroyo
temple de cola y pan de oro sobre el papel
hacen llegar las cuatro estaciones del árbol

en humerales de acuarela
guayacán o «palo de rosa»
caligrafías en tinta zumi
jacarandá sobre papel de arroz
y tras las huchas de flores cárdenas
los ojuelos renegridos de los güijes

la marimba japonesa
simula la foresta
¿o es el canto del mirlo?
y en un biombo de dos hojas
racimos violáceos, lechosos, rosados
que ocultan la cara más bonita de la niebla

cuño kanji magenta
al borde de cada estampa
donde abrojos verde pálido
asustan a los hibiscos blancos.

ÉRASE UNA POETISA ANCIANA Y HÁBIL CON LAS PALABRAS

Tanto gustaba de ellas, que extendía la vida de una estrella escondida en la corola de una lila que se abría a beber nocturnidades.

Y ¡zas!, sobre el papel saltaba un rayo de estrella extinta.

Sabía coser la luna fuera del celaje, enhebrar estrellas con gotas de rocío y luego ensartarlas en un collar a la nuca de la madrugada.

Las palabras, dicen, la comprendían y servían.

Aseguran que gustaba de insertarlas en un jardín como tallos a la tierra húmeda, y pronunciar flores de loto sumergidas como cosidos de color en aguas lapislázuli, y nombrar lirios marchitos flotando a la deriva en el tiempo.

Cuentan que sabía como apuntar una piedad —la infinita de los atardeceres—, y denotar el atardecer que se sueña y convertir un graznido en llamarada, escogiendo como alhajas palabras que pudieran salvar el mundo. Ensamblándolas en telares de agua, jalándolas por los brazos delgados de las asociaciones, tomándole el abrazo a las palabras que tanto había amado desde la niñez.

Nada decía que no fuera objeto eterno.

Y dicen los sinólogos que al morir dejó puestas a secar, como flores dentro de los libros, imágenes poéticas dadas en exclusiva a ciertas mujeres núbiles (que las musitan detrás de abanicos imponderables), y a ciertos hombres amanerados que se adscriben a la sexuación femenina.

Dicen que en el agua negra de su noche última, no lloró al despedirse de la nada frágil, ni por los agravios de la infancia. Lloró por ellas.

LAS AVES NADAN EN EL CIELO

Es el tren agonía que va a estrellarse,
es su fuerza su rumbo desdichado,
son los rieles y es el hierro ahumado,
nervio arrollador que busca apearse.

La línea en zigzag avanzando herida,
la estación devastada por las llamas,
es un cúmulo de humo de los días,
palpitando un final para la trama.

El graznido del cisne que recuerda,
el pasaje final de la existencia
donde las aves nadan en la cuerda

floja del cielo que en su displicencia,
es lago, es sol mustio, es laxa tierra
espejo de infinitas desinencias.

ALGUNAS ACLARACIONES:

Nan Nan fue una célebre cortesana hacia finales de la dinastía Qing (1644-1912). En el poema «Costumbres masculinas» abordo a este personaje.

Los muñones de los pies vendados fueron para la cultura china una fuente de inspiración poética y un atributo de gran atractivo sexual con gradaciones de lo ordinario a lo sublime. Cierto brebaje de arroz glutinoso y «judías rojas» se les daba de beber a las niñas el primer día que se les colocaba el vendaje, para que se les ablandaran los músculos del pie. Su Shi, también conocido como Su Dongpo (1037-1101), el gran poeta de la dinastía Song (960-1279), alabó estos pies torturados: «[...] sus pies le infligen un dolor y *su belleza responde al sufrimiento*», verso del que tomé prestado para mi poema «Las mujeres manchúes se descalzan».

Las prácticas sexuales inspiradas en la sexualidad animal son comunes para la cultura china. Dos imágenes tomo prestadas de las nueve posturas amatorias enunciadas en el *Manual de la muchacha cándida* (siglo I n. e.) «dos grullas con los cuellos entrelazados» y «la cigarra atada». Asimismo, en una de las tumbas de

Mawangdui (168 a.C), junto a los primeros manuscritos en seda del *Tao Te Ching* y el *I Ching*, fue hallado un texto, también en seda, explicando las «diez reglas» para *La unión del Yin y del Yang*. Una de ellas es «la cigarra atada» que da título a uno de mis poemas.

«Gloria de la mañana», de Suzuki Kiitsu (1796-1858), es una pantalla dorada seccionada en seis a la que siempre regreso a contemplar en el Museo Metropolitano de Nueva York. Imaginar a Suzuki en su estudio mientras la realizaba, a modo de penetrar su esplendor y sus secretos, es un placer recurrente que exploro en «El corazón se alza como la gran ola de Kanagawa». En el mismo poema inserté una transgresión deliberada, pero dejo al lector hallarla o desentenderse.

Finalmente, con estos poemas me propuse ser testigo omnisciente *de lo que se ve en el mundo que no se ve a sí mismo*, al margen del yo acuciante. ¿Cuántas veces he contribuido a la crueldad del mundo? Escribo estos poemas para aportar delicadeza a la ferocidad insalvable de la muerte y socavar la fisura —que es la herida de la muerte. Busco tenerme en pie, busco la hondura de mi existencia en la palabra, en la impresión de la imagen y el asombro de la imagen.

ÍNDICE

¿Qué comen las princesas?	11
Mortificación sino-erótica	17
Corazón de ave	21
Las nalgas de la princesa	25
Pez sordo	29
Necrofilia	33
China	37
La muerte llega con alas de luciérnaga	41
Shang Xi ha descubierto la poesía	47
El viento quiere ser visto	51
La princesa levanta una piedra en el jardín del cielo	55
Luz a través de la piel	59
La ceremonia del té	63
Japón	67
La cigarra atada	71
Everglades	75
Lo que trae el viento	79
Balsero cubano a la deriva	83
Balseros adolescentes	87
Las jineteras habaneras son metáforas	91
Parafraseando a Marguerite Yourcenar, en *Cómo se salvó Wang-Fô*	95
La abeja o un color que no ve	101

Los cinco gritos de Li Xiang y un silencio	105
Hao y las criaturas de su corazón	109
La laguna de las libélulas azules	113
Lienzo de Leda y el cisne	117
Las mujeres manchúes se descalzan	121
Adivinanza	125
La vida de la vida	129
Preguntas que se hace el poeta	133
El corazón se alza como la gran ola de Kanagawa	137
Costumbres masculinas	141
La calle de las jacarandas en un paisaje habanero japonés	145
Érase una poetisa anciana y hábil con las palabras	149
Las aves nadan en el cielo	153
Algunas aclaraciones:	157

www.ingramcontent.com/pod-product-compliance
Lightning Source LLC
Chambersburg PA
CBHW031957080426
42735CB00007B/426